家族が片づけられない

井上能理子
Noriko Inoue

イースト・プレス

家族が片づけられないもくじ

プロローグ……5

1章 ゴミ屋敷を解体する……19

1日目 ゴミとホコリを追放。……25

2日目 台所を救え。……29

3日目 トイレの神様に謝る。……33

4日目 風呂場を清めよ。……35

5日目 猫飼いはつらいよ。……37

6日目 設備をどうにかする。……41

7日目 片づけられない家族をどうにかする。……48

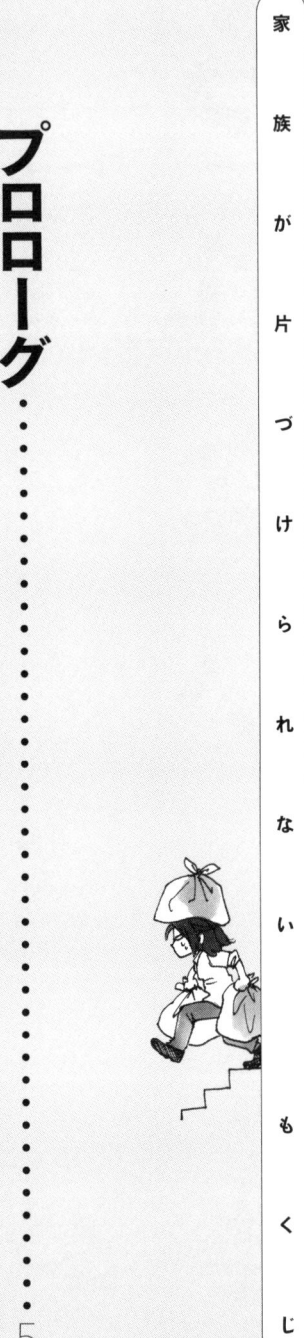

2章 家族が片づけてくれません……53
3章 部屋は鏡……83
4章 ここが私の部屋……113
エピローグ……145
あとがき……150

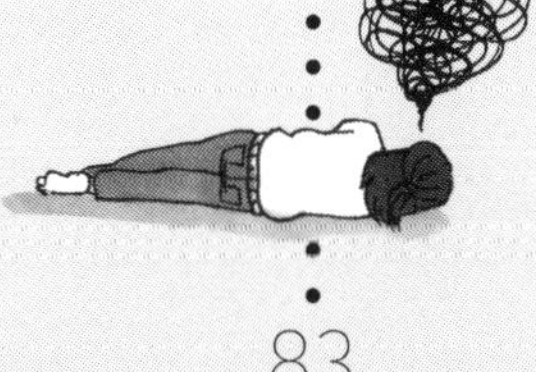

プロローグ

2014年の夏のこと
私は完全にへばっていた
仕事もしたいし家の中のこともいろいろやらなきゃだし
やりたいことはいろいろあるのに
体がまったく動かない…。
この時私は
〝うつ〟になりかけていた。
カラ
こ、荒野が見える〜〜〜
カラ

この前年
会社員をしながら
ライター業をし
2014年からは
マンガの仕事も
するようになった
その間、自覚は
なかったが相当な
ハードワーク
だったらしく
100以上の脈が
1日じゅう続くし
手や顔が震えるし
まったく寝られないし
なんじゃこりゃー！
典型的な
うつ病の
なりかけですね
あっさり
ブル ブル ブル
えーっ これが
うわさのー!?
今ならまだ
間に合うから
仕事のことは
しばらく置いて
ゆっくり体を
休ませなさい
ふえーーぃ……
プル プル
言われたとおり
仕事は在宅でできる
原稿仕事だけにして
……。
もぞ＝もぞ
しばらく
ひきこもり生活を
送ることにしたの
だが

動けないので部屋はどんどん荒れていく
うう～
片づけたいのに体が持ち上がらないぃ～
そして、荒《すさ》んだ部屋にいるとますます気が滅入るのだった
流しには洗い物を放置しっぱなしだし
服も脱ぎ散らかしっぱなしだし
なんというか情けない…
と、そんな状態のところに1本の電話が
ノリコ？もういいじゃん一度うちに戻ってきなよ～
実家の母からの帰省の誘いだった
うちでちょっと休めば～？
ウー

私は2011年に上京してきて以来
実家には一度も帰っていなかった
しかし申し出はありがたいので
一度東京の家を引き払って実家に戻ることにした
特急 ひだ 20
特急 ひだ 21
駅まで迎えに来てくれた母と合流実家へ
久しぶりー
ヨロヨロ
サチコやタカシは元気なの？
元気にしてるよー
家に入るのも3年ぶりくらいだな〜
ここでなぜか
いきなりそわそわし始める母
そわ
そわ
?
そわ

そして
ガチャ
あのさー
ノリコ
消火器
中見ても
怒んないでね？
？
何が
私は
見てしまった
ギイ

な…
ななな…

ずるり
なんじゃこりゃーーっ!?
ゴミ屋敷へと変わり果てた我が家を
いやーちょっと忙しくてさー
私の部屋は…って うわっ何これ!
ゴミ置き場になってるし!!
どっちゃり
ゴミ捨て場に行くヒマがないんだもん
ちょっと待って私どこで寝ればいいの?
ちょっとどかせば…
ルーフバルコニー
とりあえずバルコニーに出しておくしかないか…
と、思いきや…

ずもーーん!!!
先客だらけ!!
お母さん…
なんでこんなことになってるわけ?
いやーだから仕事が忙しくて……
いや、でもサチコとタカシもいるじゃん
仕事あっても掃除くらいできるっしょ
あの2人もバイトとかあるしさ~
弟 タカシ
妹 サチコ
はあ!?

ちょっと待って
あの２人も
もう20代なんだよ
大人が３人もいて
ゴミも捨てられない
なんてどう考えても
おかしいでしょ
余裕が
ないって
いうか……
私何か変なこと
言ってる⁉
３人とも
家に帰れないほど
忙しいわけじゃ
ないのに
なんでなんで
ギャーギャー
うるさいなーーっ
帰るなり
ギャーギャー
怒んないでよーもー
私はキレた。
こわっ
ブチッ

あー私が
バカでしたよ！
家に帰れば
休めるなんて
甘いこと
考えてた私がね！
うつ
ぴたーーん
マジかよ
お前は
ちょっとそこで
待ってろ!!
あまりの惨状に
うつっ気が
吹き飛んで
しまった私
ポイ
ポイ
ポイ
おろ おろ
とりあえず
(元)自分の部屋だけ
大急ぎでスペース確保
なんだ
なんだ
こんなゴミ屋敷で
人間が暮らしていて
いいわけない!!
床はゴミだらけ
水場はアカだらけ
家じゅうホコリだらけ
ふざけるなーー
にゃー
おちつけ
にゃー

明日から
私がこのゴミ屋敷を
正常な状態に
戻————す!!!
そうじ
えーっ
うっ
ゲホゲホ
ガホガホ
猫の毛と
ホコリに
やられる!!
ぜんそく
アレルギー
汚い部屋で
寝たせいで
じんましんも
大量発生
ひーっ
かゆくて
寝られない
こうして私は
うつを
治すどころじゃ
な〜〜〜い!!
休養に帰ったはずが
なぜか実家の大掃除を
するはめになったので
あった…
なおして〜

ムキー

1章　ゴミ屋敷を解体する

私の家族は全員
フー
〝片づけられない〟人たちです…
ボリボリ
そんなことないよーー
今は忙しいだけー！
昔はちゃんと専業主婦してたもん
母：ミツコ(52)
営業職
ちょっと掃除してるくらいで
なんでそんなエラそうなの？
Cool
妹：サチコ(24)
アパレル店員
ノリ姉ごめん今日は彼女とデートだから…
弟：タカシ(20)
コンビニ店員
そして猫が4匹
にゃ
お前たちが掃除してくれたらいいのに…
別に掃除なんかしなくても死なないじゃん
あほくさ

母はもともと家事全般得意な人だったのだが
父が死んで働きに出るようになって以来
なかなか家のことに手が回らなくなってしまったのだ
猫を飼うようになってから家の汚さが進行し
オエー
あ〜また吐いた
神経質だった私が上京したことで掃除担当が消滅
さらに家全体がその頃から経済的に困窮《こんきゅう》し始めたため
就職活動
たりない…
¥
掃除をする余裕が全員から失われてしまったらしい
事情はわかる！
わかるんだが…

どこから手をつけようかねこれ…
ぐっちゃ
ぐっちゃ
午前11時！
皆出勤したから家の中は好きにできる！
うちは安いマンションの最上階なので夜は物音が立てられない！
作業は主に昼間しかできん！
どこから始めるのがベターかな？
いやこっちに聞かれても…
しかたない！
直視したくないけどまずは現状チェックだ！

玄関
壁紙はがれまくり→
異様な量の靴とどうでもいいゴミで床が見えない
台所
うまっているテーブル
油と生ゴミでしっちゃかめっちゃか食べ残しや空き缶なんかも放置されまくり
トイレ&風呂
オオオォオオオオ
説明したくないくらい汚い
ベランダ
数年分のゴミと家電や家具の残骸がゴロゴロ
各々《おのおの》の部屋
……
いらんものばっか。

ほんとーにゴミ屋敷じゃん！
ドオーン
ゴミの山に猫の毛や汚物が追加され 汚さが倍率ドン!!
最初は力技でやるしかないってばよ!!
いでよ お掃除 七つ道具
お掃除七つ道具 私感
①ゴミ袋（大量）
②ぞうきん（大量）
③重曹
④クエン酸
重曹
クエン酸
⑤たわし
⑥手袋
ぞうきんやたわし手袋なんかは大量に用意してどんどん交換しよう
用具が汚くなるとテンションが下がってさくさく作業が進みません！
七つ道具と言いながら6個しかないよ？
⑦
7つ目は、手です。

1日目 ゴミとホコリを追放。
何はともあれゴミとホコリの処分から
まあホコリもゴミだけど…。
この作業の前に、収納の外に出てしまっている洋服など布類は全部しまうかいったんゴミ袋に
布類はホコリの発生源なので封じておきましょう
そしてよほど大事な物以外は捨てまくるべし!!
ばばばば
家族の許可がいりそうなものには注意しつつ
明らかなゴミは容赦なく抹殺!
あ、分別には気をつけて
そしてスペースが空いたら掃除機をかける!!
そうじきコワイ
ゴミの溜まっていた場所にはホコリも溜まっているからである!!
ブモモモモ
ゴミはいったんベランダに出すしかなかった
すんげー量!!
どっさり
ベランダに散乱したゴミを集めていた時
あーあ、雨ざらしだったせいでサビとカビでボロボロ…
ボタボタ
ザッ
!?

わーっ
わーっ
きゃー〜っ
ゴミ屋敷の
ショックで
心が死んでいた私
ブチュッ
怒りが沸点を超え
そばにあった古靴で
ゴキをたたきつぶす
その後
もちろん
後悔した…
もう履かない靴や
古い食品なんかも
根こそぎ捨てて
2011年〜〜〜!?
れいぞうこ
家の中に
散乱していた
ゴミを全部
まとめたら
多少ましに
なってきたかな…

結局30袋以上のゴミを初日だけで捻出、処分
早朝
うちだけでマンション全体分くらいのゴミが出てしまった…
マンション専用
ほぼ全てがうちのゴミ
この連日ゴミを下に降ろす作業でだいぶ痩せた
エレベーターなし
5階!!
各人の私物については、箱にまとめて当人にまかせる
いらないものがあるなら今すぐゴミ袋に入れて!
弟
母
粗大ゴミの出せる日はあらかじめ調べておいて準備をしときましょう
とりあえず床の上にゴミがない状態にはできた
これだけで気分は変わる!
前までは、風呂上がりにすぐホコリまみれになるくらいホコリだらけでした
もう
もう
もう
※湯気ではない。
どうも我が家相当な期間換気をしていなかったらしい
だって猫が外に出たら困るじゃん
猫がいるからこその換気でしょ——!!
掃除の時は窓を2カ所以上開けて家に風を通す!!
にゃーん
閉め切ったまま掃除すると舞い上がったホコリがまた戻ってくるだけ!

ホコリが溜まりやすいのは
電磁波を出す家電の周り
電気のカサ
天井などですこの3カ所はキレイにしとこう
ホコリだらけでめちゃくちゃだった家族の服も全部洗濯
ぎっしり
洗濯機の中も汚くなってた…
万年床になっていた布団ももちろん干す
もうもう
あまりにもひどかったので結局買い替えたけど…
よし!!ゴキにも負けずなんとかゴミはなくせたなー!!
ホコリが減って肌のかゆみもひいてきた
ふー
でもまだあまり清潔感ないね
ていうか家の中が臭い
そりゃそーよ
清潔感を左右するのは水場と台所!次からそっちにかかるぞ!

2日目
台所を救え。
汚い台所の掃除って本当に手間がかかる…
いらない皿やゴミであふれる食器棚
ギトギト
位置的に死んでる収納棚
床を覆うゴミの山々
皿とゴミであふれる流し
ものだらけで使えていないテーブル
冷蔵庫
特にやっぱり流しだよねー
生ゴミだらけ!
これ、さわりたくないなー どうするの?
こういう時は七つ道具の…
手を使いまーす
つかんでは捨て つかんでは捨て
基本的~~~!!
ぐちゃあ
排水口は重曹と酢をぶっかけてしばらく放置
しゅわ しゅわ しゅわ
あとはスポンジ持った手を突っ込んでキレイにするべし
ぐわっし
うえええぇー

何見てんだよう
掃除はな最終的に頼れるのは己の肉体のみなんだよ
ドロドロになった三角コーナー
私だって生ゴミの腐ったゲロの山みたいなヤツの中に手なんて突っ込みたくないけど
やるしかないんだ
わかったわかった
三角コーナーや排水口キャップは漂白剤につけて消毒
これでだいぶすっきりするはず
皿類も必要な分だけ残してあとは捨てる！
残るはコンロ周りの油汚れ…
3年掃除してないと油のまかれ方がハンパないわけだが…
ぎっとぎっと
それに伴って少々気になる場所が……
え、おれですか？
……。

やっぱりなーーーっ!
冷蔵庫の上には油汚れが蓄積しやすいので注意
ドロドロ
ぐちゃぁ
料理してると油が煙と一緒に部屋に散乱する油煙《ゆえん》っていうんですが…これがこびりつくと超手強いのだ!
しかもうちの場合は軽く3年分の蓄積が…!!
どうすんの?
ここまで分厚い層ができると台所洗剤だけじゃ歯が立ちませんので
古いキャッシュカードか鉄のプレートを用意します
は?
そして七つ道具の〝手〟。
ブルドーザーず
ギギギギ
力技か…
洗剤をまいて多少軟らかくしてから。

うちレベルに汚れている家には「油職人」という洗剤がおすすめ
ホームセンターなんかで売ってる
というか「業務用」の洗剤がいいです全般的に
油でコーティングされてたうちの換気扇もこれでキレイにできました
いきなり白い土台が出てきた〜
コンロ周りの壁もぬかりなく
コンロ周りには油よけを置いておいたほうがいいです
普段から汚さないのが一番!
よーし生ゴミと油汚れをどうにかしたら一気に空気がよくなったぞ!!
たしかに心なしかさわやかさが増したような…
台所がキレイになるとごはんもおいしくなる!
腹ごしらえもしたし次の地獄に参りましょう

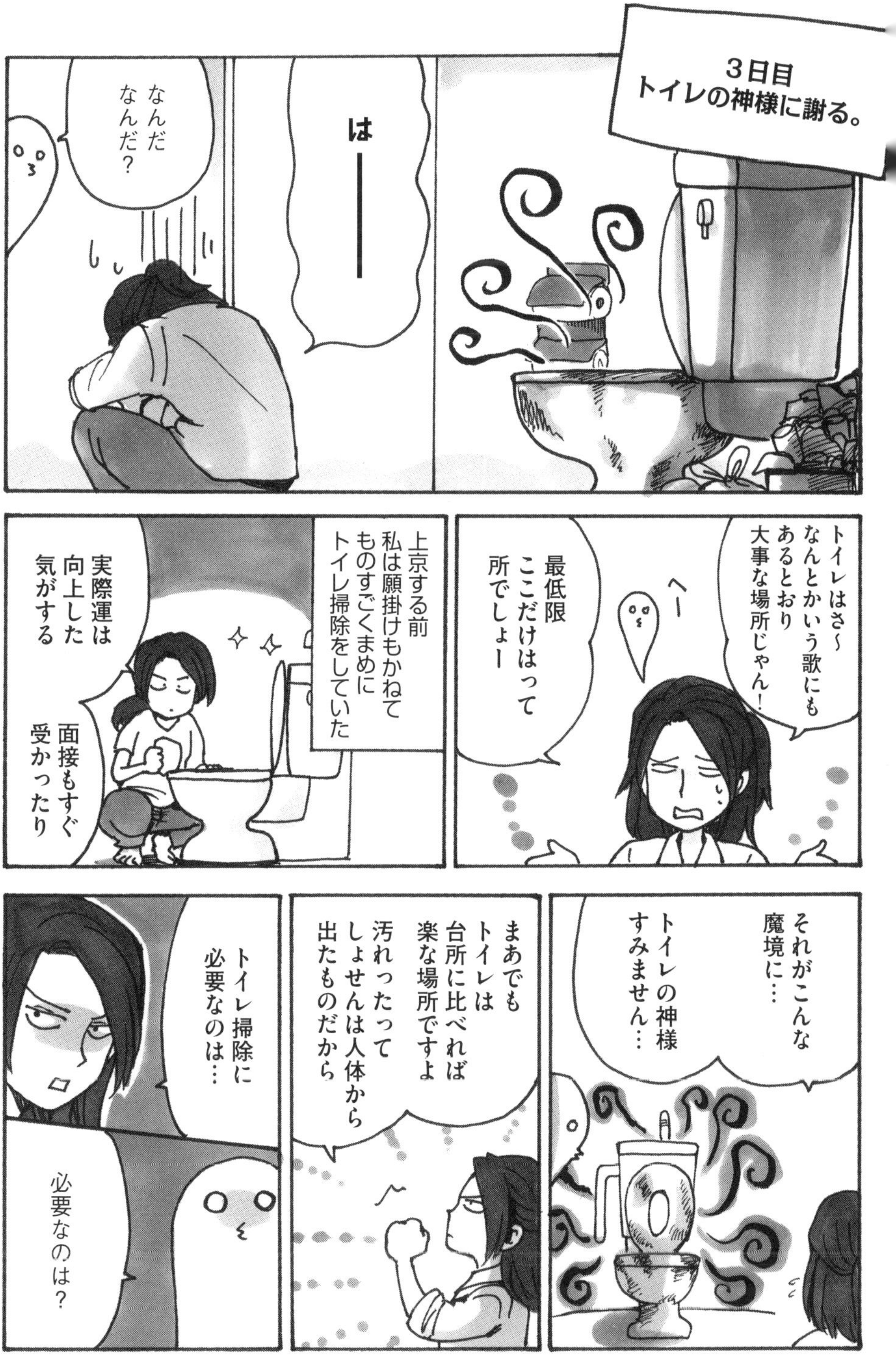

3日目
トイレの神様に謝る。
は———
なんだ なんだ？
トイレはさ～ なんとかいう歌にも あるとおり 大事な場所じゃん！
へー
最低限 ここだけはって 所でしょー
上京する前 私は願掛けもかねて ものすごくまめに トイレ掃除をしていた
実際運は 向上した 気がする
面接もすぐ 受かったり
それがこんな 魔境に…
トイレの神様 すみません…
まあでも トイレは 台所に比べれば 楽な場所ですよ 汚れったって しょせんは人体から 出たものだから
トイレ掃除に 必要なのは…
必要なのは？

気合いとたわしと手。
じわし
ぐわし
じわし
またそれか…
掃除すべきは見えない部分
たわしと普通の洗剤でだいたいキレイにはできます
この部分
尿石《にょうせき》が付着してるほどの汚れなら尿石除去洗剤のデオライトとか業務用のを使えばよいです
私はトイレにはこだわるので歯鏡使って汚れチェックします
そこまですんの!?
トイレはねキレイにすればするほど自信がつく魔法の場所なんですよ
あの一早く
うわっなんか掃除本ぽいこと言い出した
でも実際「こんな汚い場所に臆せず立ち向かった私!!」って気分になれるのよ手軽に
だから凹んだ時は私はいつもトイレ掃除するんだー
しくしくしくしく
うつにも効くのかな…

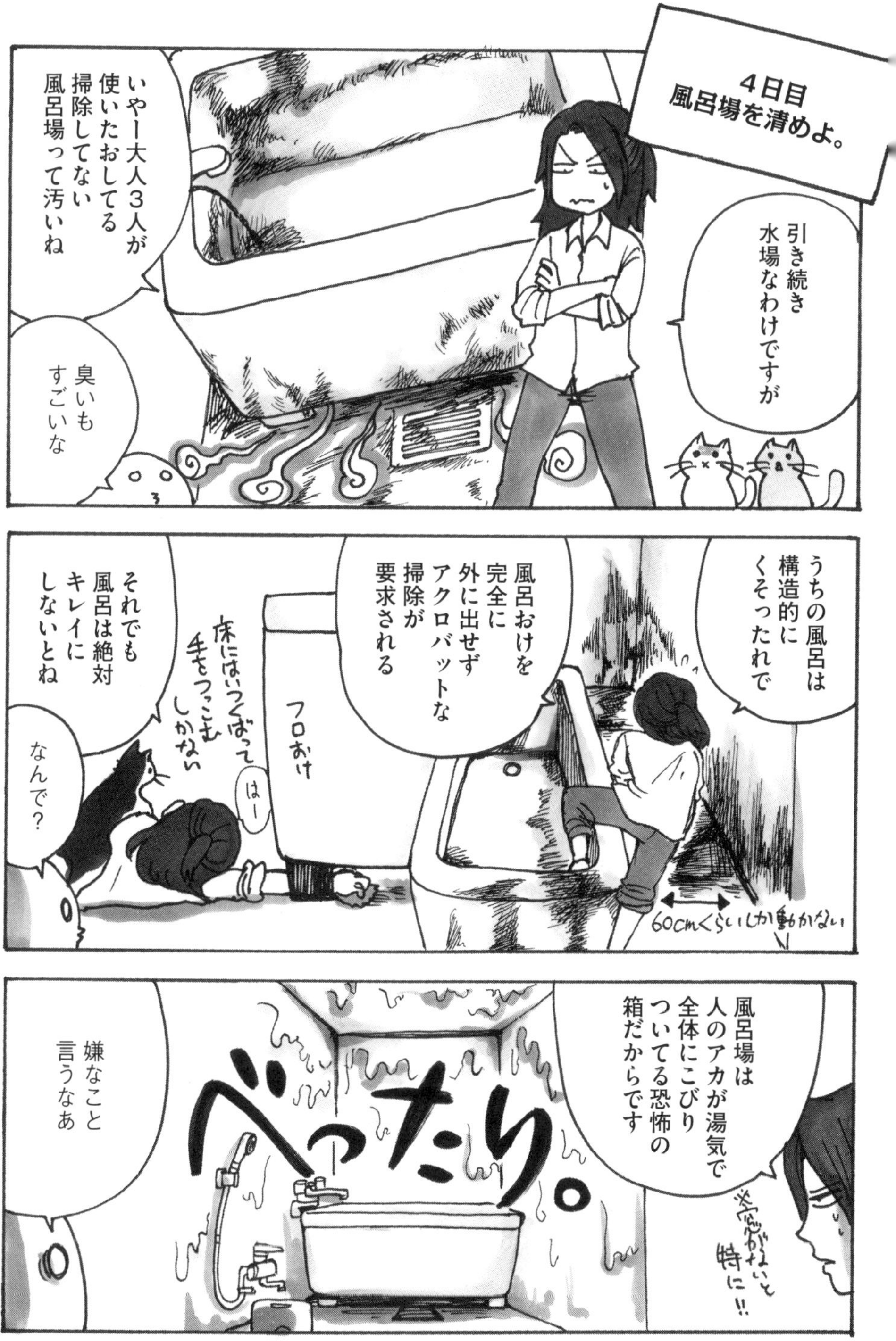

4日目
風呂場を清めよ。
引き続き水場なわけですが
いやー大人３人が使いたおしてる掃除してない風呂場って汚いね
臭いもすごいな
うちの風呂は構造的にくそったれで
風呂おけを完全に外に出せずアクロバットな掃除が要求される
60cmくらいしか動かない
フロおけ
床にはいつくばって手をつっこむしかない
はー
それでも風呂は絶対キレイにしないとね
なんで？
風呂場は人のアカが湯気で全体にこびりついてる恐怖の箱だからです
窓がないと特に!!
べったり。
嫌なこと言うなあ

風呂掃除にはクエン酸を使うといいです
白っぽい水ウロコ
けっこうかたまってる
水アカにはもちろん水道水によるミネラル汚れを落とすのに便利！
この時塩素系洗剤と併用しないように
具体的に言うとハイターとかです
毒ガスが出るから！
必死だな
私、風呂場をクエン酸で拭き回ったあと仕上げの消毒だー！と思ってハイターぶちまけたことあるんだよね間違えて
あっしまった
ばっしゃ
あ
下手したら死ぬな
風呂掃除は体力使うから終わると汗だくになるけど…
ふ〜
キレイになった風呂にそのまま入ってさっぱりできるからいいよね♪
ほわ
ほわ
ちなみにクエン酸は大理石を溶かすらしいので大理石の風呂に入ってる人は注意
そんな家の人がこれ読むかな…！

5日目
猫飼いはつらいよ。
水場と台所を片づけたおかげで
家の中の空気が格段によくなってきたのがわかるね！
たしかに気のせいか透明感が出たような…
気のせいじゃないと思うな 汚れは大気に混ざるわけで
ヨゴレ
ヨゴレ
う○この臭いがする時は、極小のう○こが鼻孔に入った時だって言うじゃん
じゃあ臭い＝大気がゴミだらけってことか…
なのでうちにはまだ大きな問題がある
お前たちのニオイだ！
トイレの匂い〜
猫1号〜4号！
そこに整列!!
ペット飼いの宿命
獣臭に取り組むの巻

猫って本体はそんなに臭わないけど
にゃー
にゃあ
にゃー
トイレの臭いがきついんだよなー
いくら掃除しても完全に臭いをカットするのは難しい
ましてやうちのように4匹も飼っていて掃除もしてないと
なに
なに
動物園のような臭いがする
たかが猫なれど…
エサ置き場もぐっちゃぐちゃだし
古新聞
トイレの汚れを入れた袋がその辺にまとめてあるし
これじゃ不衛生で猫たちだって病気になるっつーの！
もわ
もわもわ
臭いって壁や天井にしみ込んじゃってるからなー
しかもこれってちっとやそっと換気してもムダなんだ
えっじゃあどうするの？

こういう時は専用消臭剤を頼ろう
生き物には生き物で対決!
有用微生物群の入った強力消臭剤「猫ピタ」がマジで効くぞ!
通販で買える
ピタ

薄めた猫ピタで家じゅう拭き掃除かスプレーをする
押し入れの内部など臭いがしみ込みやすいところには入念に
何これくさっ!!
1日~2日きついヨーグルトみたいな発酵臭がするけど我慢せよじきに消えるから

うちの家族も臭いにはまいってたのか
全部消臭剤
家の中に何十個も市販の芳香剤や脱臭剤がありましたがこんなんムダです
こういうのは臭《くさ》さよりももっと強い匂いを出して鼻をごまかす効果しかないんで
おへやの消臭剤

猫ピタは、臭いの元となる尿の成分を発酵環境で分解してくれるらしい
くんくん
数時間経つと本当に臭いが軽減するのがわかる
猫カフェなんかでも使われているらしいので多頭飼いの家にはおすすめ
この子たちの健康のためにも清潔な家でないとねー
毛はどうすればいいの?
どうしようもねーよ
えっ
こまめに猫をブラッシングする!
床にはコロコロをかける!動物の毛は無限だからこれしかない!
私は実は猫アレルギーで母が猫を拾ってきてからなしくずし的に体を慣らしていった人間である
猫好き
中学生
帰省した直後は家の中にアレルゲンが多すぎてピンチだったが徹底掃除でなんとかなった
帰省してしばらくはアレルギー反応がやばかったけど
掃除したらずっとマシになりました
しかし猫のせいもあるけどカーテンとかいろいろひどいな
次はこのへんか!

6日目
設備をどうにかする。
19年も住んでる家だからしかたないいんだけど
メモ
これじゃいくらなんでもひどすぎるよなー
トイレは床がはげてて
カーテンは
猫のせいでズタズタ
座椅子もボロボロ
ふすまは
なんかホラーだし
壁だって
ベロンベロン
なんかずれ落ちてる柱とかあるし…
業者にリフォームしてほしいがそんな金はない
自分でやるっきゃねー！
ホムセン

えーと壁紙と ふすまの紙と
あー洗剤も 買い足しとこー
お車用に 荷物を しばりま しょうか
いいです
歩きなので
免許ない→
9月の 残暑厳しい中
私は壁紙ロールを 抱えて家まで歩いた
じりじり
くっそー なんで私 こんなこと してんだ
これって なんだか…
ゴルゴダの丘に 向かうあれみたい…
歩けー
止まるなー
あとで友人に こう言われた
キリストは 丘に着いたら はりつけは他の人に してもらえたけど ノリコは張り付けも 自分でしたんだね
きのどくに
そーなの

そうです自分で張り付けました
しゃーこ
しゃーこ
けっこう難しいんだよねー壁紙張り
座椅子もカーテンも買い替えたし
トイレも床材を切って配置したし
ガン
ガン
ガン
ガン
壊れてた柱はとりあえず補修
あー疲れた!
あっなんか一見キレイだ
私は演劇の大道具をやっていたので自分である程度作業ができましたがあんまり無理はしないほうがいいです
手間を考えたら業者呼ぶほうが正確で早くて安いと思う

けっこう変わったんじゃない？家の中
そりゃあそうですとも！
ここらでお見せいたしましょう！
どやぁ
まずは玄関
靴まみれでゴチャゴチャだったのを
このとおりすっきり爽やか！
靴、入らないのは捨ててちゃんと棚に入れました
このスチール棚は元私の本棚です
再利用

ゴミ置き場だったベランダも
どうにか向かいのマンションから見られても大丈夫な状態に
ゴミに埋もれてた居間も
どうだこの激変ぶり
基本的にはゴミがどいただけだよな

ゴミの排除を
なめるな
台所なんて
こんなんに
なったぞ
ようやくご飯を
食べる場として
復活しました!
洗面台も
こんなん
だったけど
こんなんに
なったし

家だ！
は－っはーっ
これなら家と呼んでもさしつかえない
うむ
これで配達のお兄さんが来ても
ちょっとまって下さ～い
ドアを開けるのをためらわなくていい
あるある
ここまで実際何日くらいかかった？
やっぱりだいたい1週間くらいかなー
1日1カ所って厳密にやってたわけじゃないけど
ちなみにお金はなんだかんだで10万くらい使ったねポケットマネーで
もちろんゴミ置き場になっていた旧私の部屋もごらんのとおりキレイにしました
あのさ
ずっと出て来ないけど家族の部屋とか皆の反応はどうなの？
……。

7日目
片づけられない
家族をどうにかする。
掃除を
始めたら
わーキレイ
すごーい
ノリコ
ありがとうー！
やったー
キレイ！
わー
前と全然
違う！
ありがとう！
家族は
概《おおむ》ね
喜んでいた
…が
実は母の
使っている
部屋だけは
片づけられなかった
自分でやるから！
捨てちゃいけない
書類とかいっぱい
あるから！
えー
本人が
ものすごく
嫌がった
からである
母の部屋は
相変わらず汚かった

そして
妹や弟も
実は生活習慣は
変わっておらず
また…
食事しても
まったく片づけ
なかったり
ゴミがなんでも
流しに突っ込んで
ある！
なんだよこれ
行ってきまーす
パジャマ
だいたい
家はキレイに
できたけど
？
3人とも
それを維持する
気はゼロだな…？

実は私は
大掃除のあと
昼間に掃除や
洗濯をして
夜中に仕事をする
という生活を
2週間ぐらい
続けていた
AM2:00
疲れるんだ
よねー
この生活リズム
私が
自営業者だから
なんとかなるけどさー
……。
………
これじゃ
だめなんでは？
うん
ガタ
7日目
片づけられない
家族をどうにかする。
→できてない

２章　家族が片づけてくれません

私は信じていたのだ
家がキレイになれば皆の気分も変わりやる気が出て
ゴミをゴミ箱に捨て脱いだ服を洗濯機に入れ使った食器を洗うようになってくれると…
……。
洗濯
ゴウン
ゴウン
掃除
ブオー
……
なんで食器くらい
洗わないんだあいつらはー

子どもじゃ
あるまいし…
ず〜ん
片づけるから
甘えるんじゃない？
ほっとけば？
というわけでほっといてみました
1日目
2日目
3日目
きえーーっ
ねえ、ちょっとは片づけてよ
それについて注意すると
うるさい
ちゃんとあとでやるってば！
……。

もちろん良くなった部分もある
台所がキレイだと料理したくなるねー
久々にレシピ本買っちゃった
疲れたとばかり言って料理しなかった母が再び料理をしたがるようになったり
ジュ〜
その母の作った料理を妹と一緒に食べたり
実は妹と同じ食卓で食事をしたのは10年ぶりくらい
今まで家事をひとつもやらなかった妹が
洗濯、できるようになろうかな…
ボソ
マジで⁉
一緒に家具を買いに行ったりもした
これとこれどっちがいいの？
こっちのほうが形が好き
だからいいこともたくさんあった
のだが

10月の半ばに私は一度出張で東京に行った
留守の間も掃除くらいしてよー
わかってるわかってる
だが甘かった 4日後 戻って来たら
ただいまー
ぐしゃあ
ひ
ひえええええええ
そう、なんとまた汚くなっていたのだ！
あ、ノリコ おかえりー 忙しくて 掃除は できなかったよー
私は

キレた。
ふざけないでよ
なんなのこれ たった4日も キレイにしとけないの⁉
キャットフード ぶちまけて 流しの皿も ほったらかしで
うわっ、 猫のゲロも これ何日も 前のでしょ
そんなのも 片づけられないの⁉ 恥ずかしくないの⁉
だから 忙しくて…
家で休めばいい とか言って私を 呼び戻しといて 全然休めるような 家じゃないじゃん
皆だらしなさすぎるよ 私がやると思って どいつもこいつも 甘えすぎなんだよ 昔からそうだけどさあ‼

私と母は昔から
よくケンカをする
ギャーギャー
ギャーギャー
ギャー
理屈っぽい私と
激情型の母の
言い合いはかなり
激しい
が、この時母は
…そんなに
言わないでよ…
!?
私には
ムリだもん…
そんなにできない
ノリコみたいにはちゃんと
できないんだよ〜〜〜っ!!
わーーん
まさかの
ギャン泣き。
私の涙は
ノリコは冷たいよ
なんでそんなに
責めるの
引っ込んでしまった

私が泣いたことは何度もあったが
こんな風に泣かれたのは初めてだったから驚いた
そしてこの時ようやく悟れた
「子どもに何かしてくれるお母さん」というのは
最初からいなかったのだ
実はこの直前に母が私に対して隠していた借金の存在が明らかになっており
もう既にたくさん借金あるのに なんでまた借りた…?
その件でも私はキレていたのだが…
どうしても生活費が足りなくて!
「きちんとしてくれ」
そう言うことに意味はなかったのだ

母は私とは
違う人間で
私より料理は
できても
私より〝弱い〟
人間だったのだ
私はお金の管理も
掃除もできる
でも母には
できない
できない人だったのだ
「母親だから」って
それができる
わけではないのだ
私と母は
〝お母さんと娘〟
だけど
母と私とは
別の人間で
ズーん
人に怒鳴られたら
泣く人間なのだ
………
…。

そのことが
あってからも
私は家事を続けた
朝起きて
洗濯して掃除をして
米をたいて
干したものをたたんで
買い物をして
夜中は仕事をする
当たり前だけど
私はまだ疲れを
溜めこんでいた
そしてまた母の時と
似たようなことを
起こしてしまう
ふーー
今日外で仕事
あるのに
イラ イラ
まだ洗濯
できてない〜
ん？
あれ、
いたの？
うん昨日の
夜中帰って来たー
バイトは午後から
だしー
いやー昨日も
彼女と終電まで
話しててさー
イラァ
フリーターの
弟は
週に5日
コンビニで
バイトしている
コンビニ
時間はいつも
14時〜22時
同じ店の彼女と
ラブラブで
しょっちゅうデートに
出かけていた

家ではいつもゴロゴロしていてつまらなそう
そんな姿に私は超イラついていた
タカシさーーーっ
彼女とLINEするヒマあるなら自分の食器片づけたり洗濯物取り込んだりくらいしてくれない!?
あ、うん…
このへんでやめておけばよかったのだが
週40時間しか働いてなくてデートするヒマいっぱいあるくせに家のことしないとか
はっきり言って甘え過ぎだよね
20歳過ぎて母親になんでもかんでもやらせて
くどくど
くど
くど
しつこい私
うちは母子家庭である。父は私が9歳の時に病気で死んだ
当時弟はまだ3歳
母が働きに出たから弟の面倒は私が見ていた
母は弟にむちゃくちゃ甘くなんでもやってあげるし怒らないので
赤点取っちゃったーノリコには言わないで
すっ
どっちかというと私が父親役のような立場だった

なので弟は今でも私の叱咤《しった》を一番怖がる
もう20歳なんだから
少しは自立に向けた考え方をさあ…
で、この時もびびられて終わりと思っていたのだが
ノリコになんか僕の気持ちがわかるもんかーっ!!
わーんっ
お前も泣くんかよ
弟にも大泣きされるという事態に
僕がフリーターだからノリコは僕のことバカにしてるんだろ
関係なくね?
どうせそうだよ僕なんか高卒だしサチコみたいに頭もよくないし
ブチッ

卑屈なことを言うなっ!!
ばちん
ぶっ
何すんだよっ!!
ボゴッ
ゴオ
!?
弟に
初めてなぐられた。

お前は
女をなぐるように
なったんか〜〜〜っ!!
自分のことは
棚に上げる
あ…
だってノリコが
バカにするから!
ずっとバカだと
思ってきたんでしょ
なぐられたこと
よりも、これが一番
こたえた!
サー
どちらかといえば
のんびり
おっとりした
弟だったが
今日店長に
ほめられたよー
すげー
じゃん!
私はことあるごとに
ほめたりかまったり
していたつもりだった
この2年前には
1年程だが
東京に呼んで
一緒に
暮らしてもいた
毎日のように
弟の話を聞いて
その活躍を
喜んでいたのに
バカにしてると
思われていたのか
ツ
も

もう嫌だーっ!!
今度は
私がワーン泣き。
皆泣き過ぎだ…
うわぁ
今までのことが
そんな風に思われて
いたなんて
ぬわーっ
なんで!?
私の何が悪いの!?
仕事もしてお金
渡して、その上
家事もこんなに
やってんじゃん
なんでそれでも
こんな風に
言われなきゃ
いけないの!?
ちくしょ〜っ
お前をなぐり
返したいけど
これから
バイトが
あるん
じゃーっ!!
このうらみ
忘れないから
な〜っ!!
捨てゼリフも
その日は1日
アザつけて
バイトした
ちくしょ〜っ
あいつに
なぐられる
なんて屈辱
すぎる〜〜〜っ

ていうかー
うつを治すために
実家に帰ったのに
なんで
働いてんの？
借金が
増えたからだよ！
うちは
母子家庭
3人兄妹
母は女手ひとつで
私たちを育てた
それは楽な
道のりでは
なかったはずだし
ある程度の借金も
いたしかたない
しかし、問題は
それなのにお金の
無駄遣いが多い
家だったということだ
げ、800円の
肉また
腐らせてる！
食べ物は
使いきれないわ
もろもろの振込用紙も
なくすわ
生活のだらしなさを
なんとかしなきゃ
だめでしょこれ

もっときちんとすれば家計だってまともに回るのに
ずっとそう思っていたから
ギン
自分が1人暮らしを始めてからは毎日1円単位で家計簿をつけて
気の済むまで節約をして仕送りも貯金もできてうれしかった…が
家族の性格や習慣は変えられなかった
？
他人を変えることはできない家族であってもだ
「家事をきちんとすること」は私にとって「まっとうな生活」の証《あかし》のようなもの
汚い台所やトイレは借金地獄が永遠に続くような錯覚を起こさせる恐ろしいものである
じゃあ仕事も掃除も
借金が怖くてやってるの？
まあ、それもあるかも…
フツーにきれいな部屋が好きだってのもあるけど

家じゅうキレイにして皆のモチベーションが上がればもっとまっとうな家庭になるはずだと
うむ
だから仕事もしつつ掃除とかしまくってるけど他の連中はそれ手伝わないしほっとくとすぐ汚すし
それが、借金とかも含めて家の問題を自分に丸投げされてることの象徴のようでつれーってのが今？
うん
でも掃除とか
そもそも
頼まれてないじゃん
ズザァ
言うなぁあ

頼まれてなくても この状態だったら やらざるを得ないでしょ
ゴミ屋敷 だったんだし
わちゃあ
これじゃ休めねーよ
今は休める のでは…？
私がやらなかったら 流しに皿は溜まるわ 洗濯物は溜まるわ ゴミは袋のまま 溜まるわ
結局すぐ 元通りなんだもの そんで皆超やる気 なくなってくし
最低限だけ やってほっとけば いいじゃん それで文句は 言われない でしょ
……
……
そーだよ
エゴ
私がやりたくて やってんだよ
エゴと言うなら 言え!!
ひらき直ったな…

掃除して快適な環境で生活したいのも
キレイになって喜ぶ家族のツラを見て満足してるのも
私だ!
Iゆえに
じゃあ手伝ってもらえなくてもぶーぶー言う筋合いはないのでは?
………。
………。
手伝ってもらえないというか
元気のない家族の姿を見るのが
嫌なのかもなー

帰省して思ったのは
もしかしてうちの
家族けっこー
病んでるんじゃ？
ってことだった。
弟はどうも
コンプレックスの
カタマリみたいだし
妹はとにかく
誰とも
コミュニケーション
取りたがらないいし
母は元気だと
思ってたけど
昔はできた家事が
できなくなってるのは
事実だし

どんなに部屋が散らかっていても汚くても
家族は誰もその現状を変えようとしない
私から見るとどう考えてもおかしいのだが
彼らはどうもそうは思わないらしい
不思議だ…
今日のゴミ
今日のゴミ
朝起きると
ぼり
ぼり
無言で母が出勤していき

妹が朝食を食べ散らかして会社に行き
弟がやはり脱ぎ散らかしてバイトに行き
私はイライラしながら掃除をする
また出しっぱなし！
そして気づくのだ
部屋が汚いのは誰もがお互いのことを考える余裕がないからだと…

皆が適度に家事をして
しっかり仕事もしてお金を無駄遣いせず
協力し合って生活する…
それがなんでできないんだろーなー
本当に家族が病んでるなら
病院連れてったほうがいいのでは？
そんなことっくに試したわい
母に心療内科の受診を勧めてみたことがある
私のことを病気扱いしないでよ!!
キレられた。

でもそもそも
診療内科の受診は
とても金がかかる
経験者
ひえ〜〜〜っ
受診料、薬代
それから一番かかるのが
カウンセリング代
でも
これをしなきゃ
意味がない…
私もまだ
体調万全では
ないので
ぜぇ
ぜぇ
手がふるえる…
前のように
バリバリ稼ぐ
のも不可能な
状態であり
この時の私の
身動き取れない感は
ヒーッ
こんな感じ…

苦しいし 重いし こんな状態 やってられないよ
どうしたら いいんだろー
私の周りって なんでこんなに 嫌なものばっかり あるんだろう?
散らかってるなぁ
汚れててやだなぁ
そうじゃなければ
部屋がキレイなら
こんな気分じゃ なくなりそうなのに

じゃあ
キレイにすれば
いいんだ
私がここを
キレイにすれば

ポイ
ポイ
きっと全部
うまくいくよ
ポイ

ほーら
きれいになった！
！
この頃はよく悪夢を見た
……。

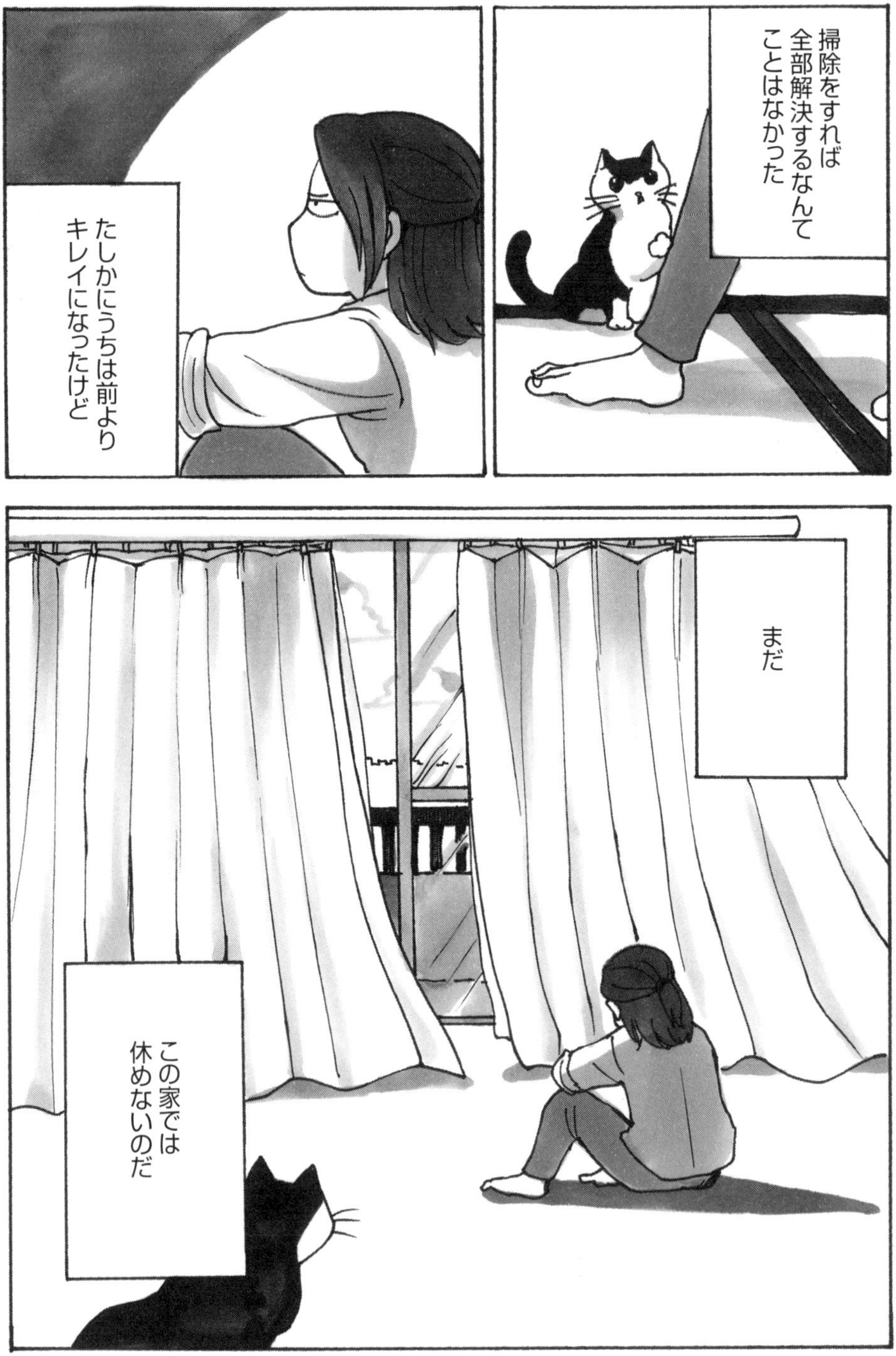
掃除をすれば全部解決するなんてことはなかった
たしかにうちは前よりキレイになったけど
まだ
この家では休めないのだ

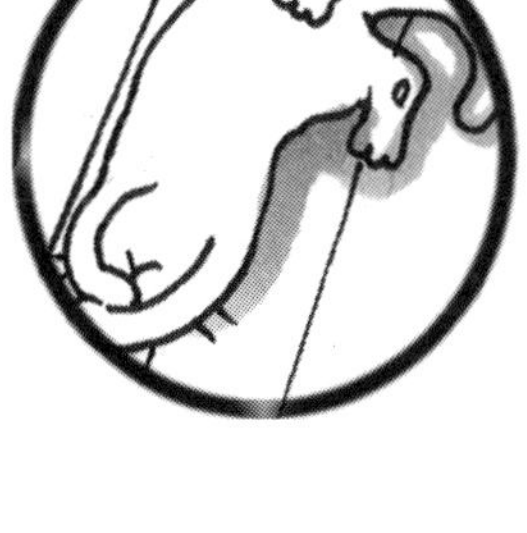

3章　部屋は鏡

そんな折、私は
昔アルバイトしていた
出版社から
長期出張の仕事を
持ちかけられた
え
兵庫ですか
そう、2カ月くらい
住んでもらって
残り1カ月も名古屋と
兵庫の行き来になる
ふむふむ
取材以外の時間は
自由にしてくれて
かまわないから
会社のほうで
マンスリーマンションも
借りるから
そこに住んでもらうん
だけどー
しばらくタダで
家を離れられる!?

行くの？
もち!!
うちにいても掃除に追われるだけだし気が休まらないし
取材なら金も入るしさ
兵庫のイメージ
明石焼
姫路城
実家がゴミ屋敷で休めないなら兵庫で休む!!
じゃ、行ってくるから
気をつけてよ
掃除してよね
まあどうせしてくれないんだろうけど
こうして私は兵庫へ。2014年末のことである

というわけで私は単身 兵庫県西宮市へ
ここがハルヒの舞台になった西宮かー
なーるほど
家はマンスリーマンションのワンルーム
おーなかなかちゃんとしてる
古いけど散らかってはいないし
必要なものは全部揃ってるし…
なんか村上春樹の小説みたいだ…
安全な部屋を用意した

好き勝手できるぞ——っ!!
こうして私の「プチ家出」期間が始まった
昼間は西宮市じゅうを駆けずり回って取材をする
お年寄りの家をあちこち回って話を聞いたり写真を撮ったり
そして
ただいまー

散らかってない家に帰れるっていいなー
やっぱ根本的に人と一緒に住むのに向いてないんじゃない？
2度目の実家離れでよくわかったのは
1人暮らしはやはり気楽だということ
好きなだけキレイに整えておけるし
他人の世話でいらつくこともなく料理も1人分作るだけでいい
ただし——
1人で食べる食事は
……。
少々味気ない

あと意外とリラックスはしないんだよねー
昼間行ったおじいちゃんの家すごい落ち着く家だったなー
私は取材で50件くらいの家を訪ねたが
その中で気づいたことがあった
私の部屋には生活感というものがない気がする…いつも。
生活感？
我が家を出たのは24歳の時で
最初に住んだのはシェアハウスだった

風呂、台所、居間などはもちろん共有で、自分のスペースはわずかしかない
具体的に言うと2段ベッドの上下が私のスペースだった
外から見るとこんな感じ
←2011年の私
1階(?)
座ってることしかできない…
2階
まあこの状況じゃ生活感は出せないわな
タコ部屋だ
そーなの
次に住んだのは2Kのマンション
弟と同居していた頃のこと

その時の私の部屋
物少なっ
すっからかん。
本はあります
逆に本くらいしかないね
ちなみに洋服（1年分）はこんだけです
少ねっ
食器も必要最低限しか買わなかったしバスセットなども極限まで少なく…
うわあ
がらん…
無一文で上京してやってたからしかたないよ
ひゅー
日本昔話…
爪に火をともし…
あと私、そもそも物の多い空間が苦手なんだわ
※本は別
でもこのあと更に引っ越すよね？
そう、弟との同居を解消してようやく1人暮らしになったの

そして引っ越した先の私の部屋がこれです 1K。
変わってない!!
同じ部屋かと
すっからかん。
この時はそれなりにお金あったんだよね?
うん、超ガンバって貯金してたからそれなりにあった
ならもうちょっと工夫しても…
今思えばなんだけど…
私、どんな家が居心地がいいのか
わかんないいんだよね

そうなのだ
私は今まで
「家」を
居心地のいいものだと思ったことが全然ない！
特にものを書く仕事を始めてからは家の中も仕事場としてしか見られなくなって
カタ
カタ
カタ
見た目とかは二の次でとにかく実用的であることが最優先に
一番忙しい時はベッドから出て30秒で机に座っていた
ズ ズ ズ
床を転がり移動する
こういう生活では部屋を飾り立てようとか、とても思えない
どーでもいいのだ
キレイであれば問題は何もない
しかし

遊びに来た友だちにはこう言われた
独房みたいな家だな…
独房！
確かに独房だったかもしれない
奨学金返さなきゃ
仕送りしなきゃ
会社仕事の準備しなきゃ
原稿やらなきゃ
もっと稼がなきゃ
もっと大きな仕事して当てなきゃ
自分で作った独房に自分で入っただけですけどね
でもこの独房にいたせいで…

うつになりかけた時も
当然
全然気持ちが休まらなかったのだ
仕事しなきゃ…
お金…
家にいられなくてよく川原を歩いた
家の中より自然のほうが落ち着く…
たとえゴミが落ちていてもだ。

私の部屋には なんにもなかった
なんにもない部屋で ただ時間だけが 過ぎていた
その部屋の 殺風景ぶりは
私の状況とも 気持ちとも まったく同じ
実家の惨状に ヒステリーを 起こし
兵庫まで 避難してみたが 結局のところ あんまり変わって いない
家には生活感がなく
食事は味気なく 心から落ち着いては いなかった
ということは

部屋って私の心の中そのものなのでは…？
その可能性は高いよな
家を居心地いいと思ったことがないということは…
お前の心の中がデストロイなんだろうよ
どんまい

いやーだからさインテリアとかちゃんと凝《こ》れる人って本当すごいと思うんだよねーっ
取材先がリッチな家が多くて、毎度技量とセンスの壁を感じさせられたよ
テーブルとか椅子はともかく
?
流木のオブジェとか、そういうもので部屋をキレイに飾れる人はまじですごい…
部屋づくりの本とかカタログを見て 自分の理想の部屋のイメージをわかすんだけど
インテリア
なんかどうもいまいちピンとこないんだよねえ
なんで?
たぶんそういうのって〝考え方〟そのものが出るからじゃないかな
観念的にはゆったりできる家がいいなーと思うんだけど
自分にとっての何が〝ゆったり〟なのか自体がわかってないからかも

かといって、自分で本当にいいと思っていないものを部屋に置いてもたぶんしっくりはこない
ただ単にモデルルームみたいな家に住んでもだめだろう
逆に、本人がそれをいいと思っているのであれば
安物の家具だろうが素人の絵だろうがたぶんその人の家にしっくりハマるのだ
そして、家主の好きなものがいっぱいで家主が安らいでいる家は居心地がいい！
これは家に住んでいる人以外にも必ず伝わる！……と思う
気ってやつ？
こういうのをつきつめると風水とかの境地に行くのかもしれない…。
ちなみに我が実家は風水的には最悪のつくりをしているよ
うわぁ…

外出から帰る
ドアを開ける
その瞬間の印象が
心の中の風景
なのかもしれない

ぐちゃ
ぐちゃ
実家に帰った時の
うぎゃーっ
という印象もまた
「心の中」を見た
ショックに違いない
ぐちゃ
家族の…
でもあるが
ゴミ
ゴミ
それ以上に
たぶん
ゴミ
ゴミ
私自身の
「心の中」への
印象だったのだ!
ぎゃあああああ

金にだらしない母や
自分ほど
働いてくれない
弟妹へのいきどおりが
まるでゴミのように
頭の中にあって
それを見て
しまったのかも
しれない
他の家族は
あの家をどう
思ってたんだ
ろうなー
ほんとんとこ

まあどう思ってても
あんな不潔な状態のままいさせるつもりはないけどな!!
汚いのは事実だからな。
ともあれ私はこの取材期間中に気づいたわけです
私は掃除はできるけど居心地のいい部屋はつくれないこと
天井高っ!!
居心地のいい部屋とは
住む人間が本当にいいと思う環境かどうかで決まるのだということに…
JR西宮駅

そういえば私の友だちの1人はかなり片づけが苦手だが
いらっしゃいー
彼女の家に行っても片づけたくはならない
むしろわりと居心地がいい
やろうと思えばいつでも片づけられるしー
ぽわわ
でもやらない
…というセリフはうちの母と同じなのに嫌じゃないのは
彼女が私の家族ではないからではなくて
彼女が本当に好きなように楽しく生きており
好きな物で家の中を満たしているからなんだろう
カレンダー
ポスター
CD
Tシャツ
パンフレット
好きな俳優の写真集買っちゃった〜

じゃあこの殺風景なマンスリーマンションのワンルームも
好きな物を置けば少しは人の部屋っぽくなるんだろうか
どうなんだろうね
でも、とりあえず雑貨屋とかに行ってみても
うーん、こういうのは趣味じゃないし…
こんなんあっても使わないだろうなー
部屋のコーディネートって難しーよ
今まで貧乏と多忙を言い訳に何も考えてこなかった分野だからな
いやーそりゃ部屋ネタの本だのムックだのたくさんあるわけだよねぇ…
ふむ〜
ガーデニング
そうじ
DIY
インテリア

まあいいや
私の今のレベルでは
部屋を飾り立てるには
早すぎる
ガタッ
出張もあと
1カ月だし
とりあえずは
キレイに
して過ごそう
ワンルームだから
楽だよな
いや楽じゃないよ
私この家に住んで
改めて思ったん
だけど
ユニットバスは
掃除好きの
敵だ!!
ぎりりりり
泣くほど
かよ…
洗面台とトイレと
風呂がくっついた
ユニットバス
この形式だと家賃が
安くなるから
学生なんかの強い味方
ではあるが…
とにかく
汚れる。

前にも描いたけど湯気って人の脂をまき散らすんで
一見キレイに見えてもそーとーこまめに掃除してないと風呂じゅうに汚れがつくのだ
もく
もく
しかも見えにくい所にうじゃうじゃたまる
もく
ましてやトイレも隣接してるとあっちゃあ雑菌まみれもいいところっす
わら
わら
わら
カビも生え放題だし
前にビジネスホテルに泊まった時ユニットバスの洗面台の下が汚れだらけでびびった
ホテルの清掃員て意外といいかげんなんだなー
ユニットバスをキレイに保つ私なりのポイント
シャワーやフロを使ったら冷たいシャワーをまいて辺りの温度を下げる(雑菌を増やさないため)
換気扇は基本的につけっぱ。
便座カバーは必須 フタは必ずしめておく
マットは汚れがたまるので敷かずに毎日床をふいてきれいにしておく

時々本で
すごくオシャレに
飾り立てた
ユニットバスを
見るんだけど
窓があるとか
すごく換気が
できる場所でない
かぎり
おすすめできない…
すぐベトベトになる
家の中に好きな物を
置きたいって考えた時
湯気とか日光のせいで
それがままならない
こともあるんだよね
きゃあ〜
やけちゃう〜っ!
太陽だ〜!
例えば私はすぐ
家の中を
本だらけに
してしまうので
直射日光の
当たる所に
本棚は置けないし
もちろん
湿っぽい所にも
置けない
自分がどんなものを
たくさん持ってるか
何を家に置いて
いたいか
わかっていれば
家を選ぶ時にも
後悔のない選択が
できるってことか
たぶんね
ちなみに
私は
ユニット
バスは
絶対に選ばない
貧乏のくせに
そこは
こだわるん
だね
だって仕事の
パフォーマンスが
下がるもん
別がいいのだ

「これは嫌だ」ってものは だからはっきりしてるんだけどなぁ
置きたい物となるとどうも…
ピンポーン
母親から荷物だ
陣中見舞いかね
中身は差し入れの菓子や本それからなぜか
犬のぬいぐるみ
なんじゃこりゃ
かわいがってね。
母より
……。

とりあえず
飾って(?)みた
部屋にぬいぐるみ
飾るなんて
初めてじゃね?
あっ、なんか
独房感が
薄れたかも
女の部屋っぽい。
ふーん
こんなちょっとの
置き物で
変わるもんなんだ
なあ
まあこれからも
よろしく頼むよ
さー仕事仕事
〆切日

結局私は2カ月半取材で駆けずり回り
ひーっ
武田
ライター仕事もしまくって満身創痍《まんしんそうい》に
プス
プス
冬いっぱいを出張先で過ごして
ふぃ〜〜
2月終わりに実家に戻ったのであった
2カ月半ぶりに家に帰ったらやっぱりまた散らかされていたけど
にゃ〜
前ほどショックでなかったのは
私の心の中が変わったからか——。
でもまたキレた。
ギャー
ギャー
キレるのは同じなんかい

4章　ここが私の部屋

汚部屋問題のやっかいなところって人に相談しにくいところなんだよナ
相談したいのか?
相談っていうかグチのひとつくらいこぼしたくなるよ私だって
汚れに汚れた4DKの家を毎日毎日掃除してみい
すればいいのに…
実家がものすごい汚部屋でその理由は家族が片づけられないからだなんて
言えるかよ
なんで?

想定されるケース①
家族の悪口を言われる
えーひどい！お母さんたち生活にだらしないんだねー！ノリコさんがかわいそう！機能不全家族だね！
なんかイラッとするから嫌だ。
想定されるケース②
わかりきったアドバイスをされる
ほっとくのが一番いいよ！人は変えられないんだからノリコさんだけ家を出ればいいじゃん！
わーってるよという気分になるから嫌だ。
まあそういう想定はともかくとしてやっぱり
自分ちが汚部屋だなんてみじめで言いづらいんだよ
まあ言う必要はないんだけどさでも1人で抱え込んでいるのもしんどくて
結局あらかた掃除が終わったあとに幼なじみにだけ結構こまごまと話してみた
あーでこーで

いやー
わかるなぁー
実は、この友人の家もまた、結構な汚部屋である
彼女の家は私も何度も行っているがとにかく物が多い
一戸建てで家族全員が映画や本が好きなので、家じゅうが趣味の物で埋まっている上、
家族全員が片づけ大嫌い
彼女自身もつまり汚部屋メーカーの素養があるのだが
その片鱗も見せない外見と態度をしている
きれい好きの男とは結婚しない！

ノリコも知ってるとおりうちはアレだからね…
汚部屋の病理に関しては一家言《いっかげん》ありますよ
汚部屋の病理
ノリコの家族片づけろって言われてもやらないし
強く言うとヒステリー起こすんでしょ？
そう、明らかに不潔で異常な汚れ方なのにさ…
実はこないだうちも同じようなことがあったんだよねー
うっそう
ほら、うちの庭ってジャングルみたいになってるじゃん？
あー覚えてる覚えてる
虫が涌いて隣の家にも迷惑だから業者を入れて1回さらにしちゃおうって話になったんだけど…
木を切るなんて許さんぞ！

苦情が来てるんだもの
もう10年以上なんの手入れもしてないじゃない
キレイにしたほうが絶対いいって
絶対ダメだ
だめよ
いかん!
お父さん
木が可哀想だ
だからダメだ
わっ
ちょ、聞いて
ダメだ!!
それはそれはもう大抵抗だったとか
ひえー、それで結局どうなったの?
私は勝手に業者呼んで無理矢理キレイにしたよ
うちの親とかノリコのお母さんみたいな人にとってはね
もはやゴミも自分の一部なんだよ
自分の一部?

そう、自分の境界があいまいなのね
わっさ
わっさ
だから片づけでもなんでも、もはや自分への攻撃のように感じてしまうわけ
わっさ
うーむ
じゃあ何も手出しもして欲しくないっていうのは自分を否定されたくないっていうことの表れなのかなあ
たしかに年季の入った家って自分の過去そのものみたいなもんだもんね
かもしれないねー
——という話をマンガの担当編集者さんにしたら
ああそれわかります！
イースト・プレス Kさん
この間、うちも実家を処分したんですけど
思い入れのある家だから父は処分するのが本当に嫌だったみたいで
いやだ！
おとーちゃん!!
やっぱりすごく抵抗されたんですよね
なるほど

私の昔の持ち物とかも残していた家なんで私もつらいといえばつらかったんですけど
父が家を失うのがつらいなら、私も一緒にその痛みを引き受けようと思って、全部残さず捨てました
かっこいい
私なら自分の物は残すかも
どこの家もいろいろあるなあ
なお、ゴミ屋敷の相談のできる先はいろいろあります
ググってください。
ゴミ屋敷清掃業者もいるし、役所に相談してもOKなので1人で抱え込まないほうが本当はいい
業者といえば私は掃除が得意なのでたまに人の家も片づけることがある
よう
よろしくー!
名古屋にいた時にも男友だちの家を片づけに行った

わっちゃあ
引っ越して来てからずっとこのままなんだよーオレ片づけ超苦手でさ！よろしく頼む
おやおやまあまあ
うわっここの12箱全部本かよ
そうなんだ！本棚がまだ足りないから入りきらないやつは箱に詰め直しておいてほしい！
ムダに外に出してるからホコリも溜まるし場所も取るしひどいなー
というわけで突然だけど本の整頓の仕方
私は書店員バイト歴が長かったので本の扱いには慣れてるよ！

まず、本とは基本的に
ホコリ貯蔵庫
だとお考えください
本棚に入れて
おけば本の上や
奥のスキマに
ホコリが溜まり
床に
置いておけば
その本の周りに
ホコリが集い
なんだ
なんだ
ホコリの溜まった所に
カビがわく!!
たかがホコリ
されどホコリ
呼吸器に自信の
ない人は
特に本の管理には
注意したほうが
いいですよ
アレルギーの原因に
なるチャタテムシ
っていう
虫が、本棚のホコリに
涌くというニュースも
見たことあります
面倒でも
ホコリをかぶった
本は1冊1冊
丁寧に拭く
ティッシュだと
静電気でホコリが
戻っちゃうので
ホコリ取りのシート
とかがベスト
○○全集I
ビロード生地の
表紙なんかは
掃除機使うと
いいです
その間も
ホコリは舞い続ける
から
窓は開けて
掃除機も
マメにかけよう
もく
もく
もく
わっこんなに
ホコリだらけ
だったんだ

本のしまい方
蔵書が多い場合。
①本の判型（サイズ）でそろえる。
②作者ごとにそろえる。
③本のレーベルでそろえる。
④本のジャンルごとにそろえる。
文庫
新書
B6
○○川×郎
人文
小説
マンガ
雑誌
などの分け方がありますがこの辺は好みで選べばいいと思う
本棚のつくりにもよるし
私は実家に800冊ぐらい東京の家に200冊くらい自分の本を持ってましたが
200冊くらいまでは①だけでもいいと思いますね
300超えると
あれ!?
あの本どこいった?
みたいなことが起き始めるので
私はこんな風に分けます
まずは判型で分けておく
文庫と新書はレーベルごとに分け、その中で作者ごとにも分ける。
本棚の中でジャンルごとに分ける。（大ざっぱでヨシ）
・文庫
・新書
・ソフトカバー（B6以上）
・ハードカバー
・雑誌類
・大判その他
大きめの本はサイズをそろえて
文庫 数学
文庫 批評
新書 歴史
マンガ 辞書
マンガ 辞典
雑誌 大判

別にこういう風でもいい
癒される本
笑える本
難しい本
自分がわかりゃーいいんですよ
ちなみにうちの父は数千冊の本を持っており
生前私が子どもの頃は大半は貸し倉庫に入れてました
今の家に引っ越して来た時本を全部部屋に入れて床が傾きました
みしっ
危ないなーっ
まあ床が抜けるほど本持ってる人は少数だろうけど量を問わずぐちゃぐちゃにしとくのはおすすめしない
読まずに床に並べておくなら箱にしまっといたほうがいいね
箱にしまう時は判型第一!!
そのほうがキレイに入るよ
この時絶対箱いっぱいに詰めないこと 2/3くらいでガマン
なぜなら本は重いからだ底が抜けるし持てない
元書店員は語る

本は片づいたけど
とにかく物が
ぐちゃぐちゃに
散乱しとるなー
これ勝手に
しまっとく
よー
よろしくー
ジャンルごとに
箱を作って
ぶちこみながら
片づけるとよい
ポイ
ポイ
ポイ
文房具
生活用品
よくわからん
これ女物の
ブレスだけど
えっA子のかな
B子のかな
こういうのが
修羅場の元
なんだぞ
つっ
修羅場回避のためにも
掃除しましょう
実際このあと
修羅場った
らしい
ギャァァァァ
だから
言ったのに
ちーーーん
うちほどじゃ
ないけど
台所とか水場も
すさんでるなぁ
ここも
やっとくかー
おおお
ん
ひらり
ゴリ
ゴリ
……。
○太へ
あけましておめでとう
たまには家に帰って
顔を見せてね。
母より

あ、ビール飲んでる
あまり使われていない汚れた台所の棚に突っ込まれていた友人の母からの年賀状は
彼の生活の全部を表しているようだった
わーすげぇキレイになった！ありがとう！
いやー助かったよ！今日はなんかおごるから！
そんなことどうでもいいからちょっと座ってくんない？
は？
いいから正座して

ドン
ドン
ドン
これがなんだか
わかるよね？
この家から
出てきた
ビール缶と
酒ビン４袋分
えーと
何日
溜めてたの？
１週間
くらい…
たった１週間で
これはやばいでしょ
これもう
アル中
入ってるよ
会社が
ブラックで
ストレスフル
なのは
知ってるけど
さあ
このままじゃ
病気になるから
ちゃんと病院行く
とか禁酒するとか
しないと
ええええ～～～～
大丈夫でしょ
このくらい～
酒好き
なんだ
もん～
イラァ
言うこと
きかないと

お母さんに私から連絡します
おたくの息子さんアル中ですよって
□山○太様
人に掃除を頼む時は計画的に。
○○市△△町5ー12ー7 □山○子
そ、それだけは～ッ!!
母ちゃんにはナイショで!!
母ちゃーん
ーーとまあそんなこともありつつ
今日も今日とて
あぶないよ
にゃー
うちは相変わらずな感じです
でも前より10倍ぐらいマシな家になったよね
まあそうなんだけど…
不安は拭えないよね
なんで?
この時私は4月になったら東京に戻る予定でいたのだが
本当に戻って大丈夫かなー
と悩んでいたのだ

私が出てったらまた家は汚くなるしお金の管理も甘くなってまた気づいたら泥沼になってるかもしんない…
ぐだ ぐだ
ごろ ごろ
勇気を出して放っておくのもひとつの優しさでは？
って皆言うんだけどさ
勇気を出して離れる↓にっちもさっちもいかなくなってこっちにしわ寄せ
オオカミ来ました〜
というのをもう2回も3回も繰り返してると信用とかできないんだよ
かといって完全に家族の面倒をべったり見る気も
完全に見捨てる気もないんだろ
このハンパ者
わーーっ
どうせハンパだよ
フツー!!
フツーが欲しいの私は
もっとふつーに適度なコミット量で回していける家にしたいの
そのための汚部屋脱出だったのに!!
そんな私に最後の爆発が襲いかかる

兵庫から名古屋に帰ってきた私はそのまま依頼元の出版社で連日のように編集業務をしていた
文字校正 きらい
すると母から緊急メッセージが
母
ノリコ
あるんだけど
何
家で仕事の話をしないで
ギャー
は?
サチコが昨日キレたんだよ
なんで
ギャー
「ノリコが編集した本売れてるんだってね」って言ったら
ノリコばっかりいい思いしてサイアク
お母さんも私のこと見下してるんでしょ
ぶわぁ
って言われたの
母
お前もかブルータス

いやーすごいですね
我が家を掃除し始めたら家族４人とも号泣しちゃったよ
「泣ける片づけ」って本でも書こうかな…
あるある
ってまあ今だからこうやって冷静に書けるんだけど
実際の現場はこうでした
すっ
あっ死んでる
母に泣かれた時も弟に泣かれた時もショックだったけど
妹がそんな風にキレたというのが一番ショックだった
子どもの時は「作家になる」と言っていた私をあんなに応援してくれたのに
20年前だろそれ
もう私の活動を喜んではくれないのか…?

私が掃除したら喜んでて
前より少し元気にもなって
一緒にメシだって行けるようになったのに
見て見て！家キレイになったでしょ！
仕事も頑張ったんだよ見て見てー！
わあ あい
ノリコは僕のことをバカにしてるんだろ!!
ノリコみたいにはできないんだよ――っ!!
………。

私ってそんなに
いらんことしいの
でしゃばり
やろうですか?

私は泣き
ちくしょー
次に怒り
なんでこんな目にあわにゃならんのじゃい
そしてトイレ掃除をした。
やっぱりそれなのか…
キュッ
うるせー
キュッ
くそーどーせ悪いのはいつも私だよちくしょーめ
妹や弟がそんなにいろいろ気にしてたってことに気づかなかった私も無神経だったかもしれないけどー…
私が謝るべきなのか？でも誰に何を謝りゃいいの？

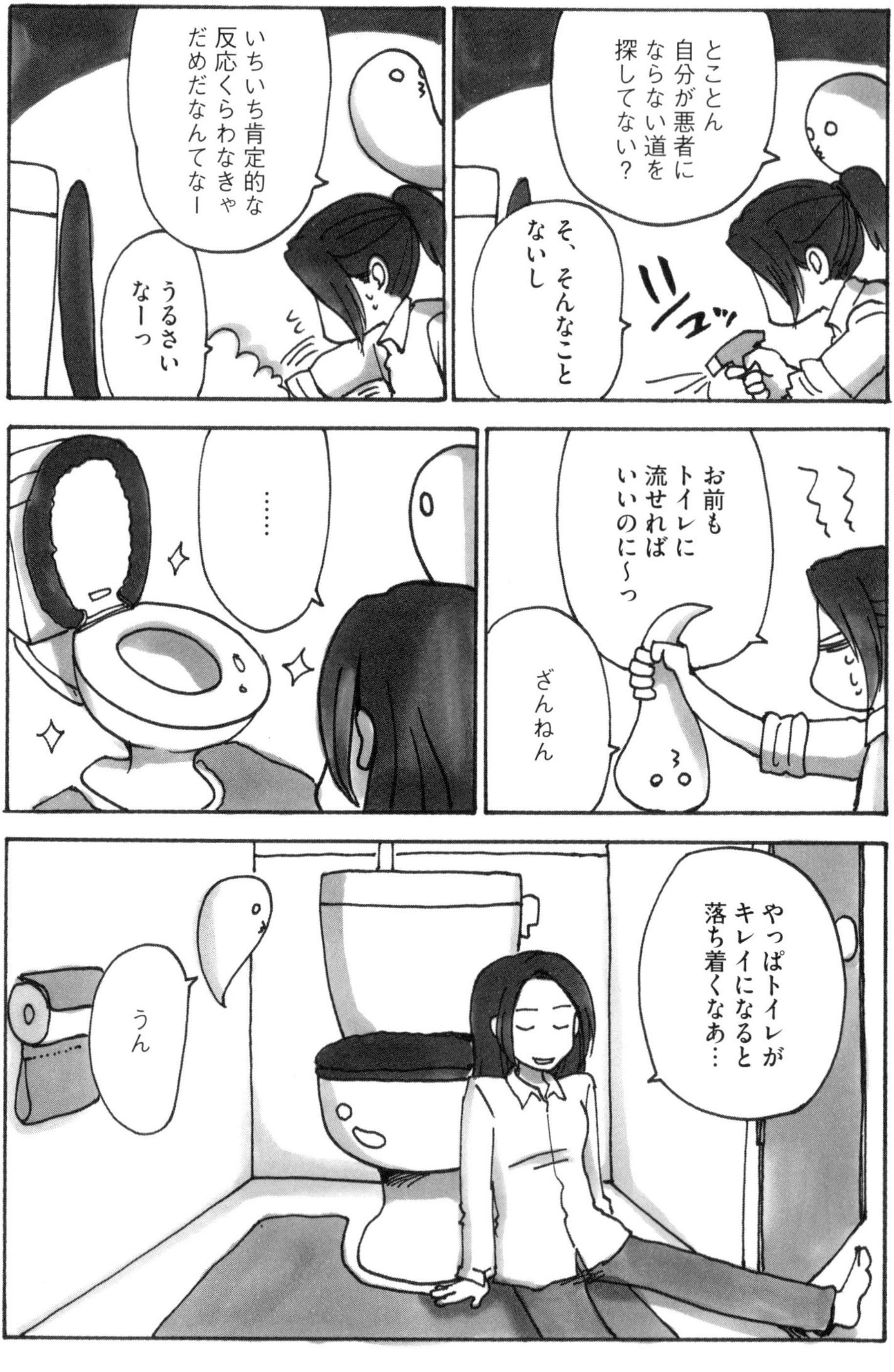
とことん
自分が悪者に
ならない道を
探してない？
そ、そんなこと
ないし
いちいち肯定的な
反応くらわなきゃ
だめだなんてなー
うるさい
なーっ
お前も
トイレに
流せれば
いいのに～っ
ざんねん
……
やっぱトイレが
キレイになると
落ち着くなあ…
うん

ははー
そりゃ毒出しだよ
?
ある日グチを言うためにその辺の安い占い屋に見てもらった私
その3人じゃ起き得なかったことをアンタが一気にやったから
それまでに溜まってた毒が急に出て来たんやね
はあ…
私がやったほうがいいこととかあるんですか?
いやー アンタはそういうの考えないほうがいいよ
それより自分のことを考えなさい 今、人生の転換期だから
はあ…
いいのいいの
毒を出してどうなるかは
アンタじゃなくてその人たちの問題だから

「その人の問題」かー
じゃあ私の問題は…
最初はとにかく「家をキレイにしたい」だけだったはずだ
でも掃除すればするほどうちの問題が見えてきちゃって
それによって私も余裕がなくなって
泣くわ怒るわになって仕事を口実に逃げて
家族が片づけられないから家が完全にキレイになることはないし
ギャ
あ
休みたくてもお金を稼がないとうちの首が回らない
…というところで詰まってたわけだ
この間掃除についての本もたくさん読んだ
掃除したり片づけることで生活は良い方向へ変わっていくと書いてある本が多かった

それを多分に期待して掃除したところがあったんだけど
なかなか本のようにはいかないな
掃除をするというのは心の整理をすることであり
それまでの生き方を確認する行為であり
すてる
自分がどんな生き方、暮らし方をしたいのかを問われることであり
特に人の生き方に介入することでもある
その中で「自分」を片づけちゃわないようにするのがたぶん大事だ
自分

掃除しているうちに、自分の嫌な所も一緒にゴミ袋に詰めたくなってくる
みない
ぎゅう
でも私の部屋がそうだったように
片づいてりゃいいってもんでもないっぽい…
私の〝捨てたく〟なったとこ
汚いのはダメ！という思想に基づき有無を言わさず掃除しまくった強引さ!!
相手が文句を言えないように仕事も並行でやり遂げようとする可愛げのなさ
すぐブチギレるところ
まあこのヘンは処分するべきだわね

でも一番捨てられない片づけられない私の問題は
家族だ。
私は嫌だったのだ
家のことができなくて私の前で泣く母のことも
昔みたいに慕ってくれない妹や弟のことも
見えないことにしておきたい
でも失いたくはない
うまく片づけておきたいが特効薬のような方法はない
だって皆今生きている違う人間だからだ

家をキレイにすれば
そうじゃなかった頃の
家族に戻れるんじゃ
ないか
そんな風にも
思っていたんだろうな
まあでも
それは無理だ
昔は昔今は今
向こうは向こうで
私の変化に思うところ
あるはず…
昔のほうが今より
いいとはまったく
限らないしね
そういえば妹は
キレた一件からも
特に態度は
変わらなかった
ス
ノリコ
ジェーン・オースティン
貸して
うん
最近会社
どうなん…
うるさい
ぴしー
アッ、ハイ
すみません…

弟からはLINEで謝罪された…
現代っ子め
すみませんでした
母とは特に変わらず
PAUCO
4月に抱えていた名古屋の仕事をすべて片づけると
すぐさま私は東京に戻ることにした
ええっ入稿の翌日に戻るの!?
少しは落ち着いて行動しなよー
すんません
引っ越し先はまた性懲りもなくシェアハウス
私の荷物はダンボール2箱と鞄類、PCだけ
服
本
ぅっ
オレのことはどう処分するつもりなわけ？
別に捨てないよ

やっぱかなり変わったんじゃない？家の中
うん
やっぱここが私んちみたいだ
お

ス
ポ
やれやれと…
達者で暮らせよ猫1号〜4号
留守の番はよろしく頼む
にゃー にゃー
バターン
行ってきます

うわっ
広い！
全然片づけてないから恥ずかしいんだけどー
いやいや！
一応ファミリー物件だから広さはあるのよ
広〜〜〜〜!!
2015年7月 私は東京のシェアハウスを出て都内のマンションに移った
昔仕事でお世話になった方が貸してくれることになったのである

うちの両親が出てからあまり使ってないから
生活用品とかそのままなのよホコリも溜まってるし…
全然大丈夫です！
私掃除好きなんで!!
いくらでもキレイにしますよ！
それはむしろ助かるわー！
さて
やりますか

あ、その前に荷物出しとこ
少ないからすぐ終わるなー
ほいっと
まずはやっぱトイレからかな～
今日からここが新しい私の家かー
ブブー

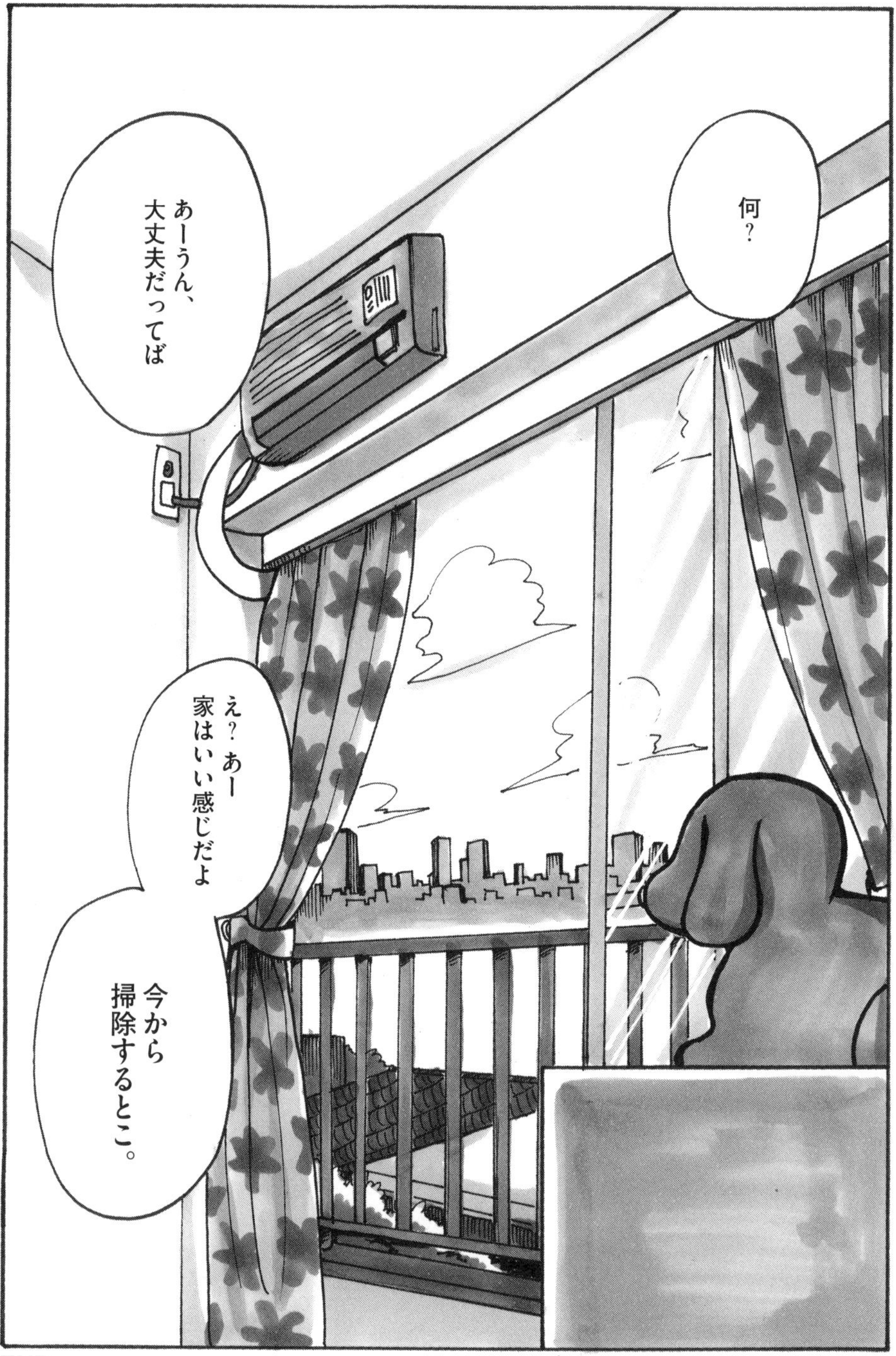
何？
あーうん、大丈夫だってば
え？あー 家はいい感じだよ
今から掃除するとこ。

END.

あとがき

先日、とある女性誌の「お掃除」特集記事を読んでいたところ、子どもの遊ぶスペースの掃除の仕方として「おもちゃの要・不要は、子どもに聞かずに親が判断するべし」という旨の文章が書かれていて、ふとページを繰る手が止まりました。

この記事についてツイッターでつぶやいたところ、あっという間に数千RTされ、たくさんの反応を目にすることになりました。多くが「そんな横暴は許せない」というもので、中には、行きすぎた綺麗好き・断捨離の考え方を口汚く罵倒したようなコメントもありました。

私が一番もやもやしたのはそのコメント群を読んだ時だったかもしれません。個人的にも、「おもちゃは親の判断で捨てろ」という意見には賛同できません。しかし、それに対するヒステリックな反応にも、私は居心地の悪さを感じたのです。それはたぶん、私が「子どもに意見を聞かずにおもちゃを捨てる」のと似たようなことをしてきた人間だったからなのでしょう。

二〇〇〇年頃にいわゆる「断捨離本」がヒットして以降、「掃除本」はずっと必要とされ続けているようです。ものの捨て方や整理の仕方を指導した本はもちろん、最近では、「ミニマリスト」と称される、極限までシンプルを突き詰めた生活スタイルを推奨する本も人気です。

これらの本に共通して書かれているのは、「生活空間を整えるということは、自分の心を整えることに等しい」ということ。それがいわゆる「開運」的な、状況や心境の好転につながるということです。私もそれはおおむね事実だと思っています。でもたとえば、「子どものおもちゃを勝手に捨てる」

という行為が「良い掃除」と思えないのも事実です。
この本は、いわゆる「ゴミ屋敷」「汚部屋」について描いた漫画です。でも私は、ここに描いた経験を経て、散らかってしまった家に対して「ただ片づけさえすれば万事解決」だとは思えなくなりました。じゃあどうすればいいのか、ということについては、まだ自分の中でも答えが出ていません。
どれだけ美しく整えられた空間でも、居心地が悪いことはあります。逆にどれだけ散らかっていても、そこになんともいえない、その人の人生としっくり合った雰囲気が作られていることもあります。部屋というのは持ち主（1人だけとは限りません）の心と密接に連動している。そこに他者が手を入れるということは、その人の心に触るということです。向こうがこちらを受け入れる準備がない状態でそれをするならなおのことで、それがたとえ「きれいにしてあげる」という大義名分の下の行為であっても、踏み込まれた側はまず、「侵入されている」という事実を感じるのだと思います。
相手のその感覚を尊重できるかどうかが「汚部屋」問題の鍵なんじゃないか。ひいては、「家族」問題の鍵でもあるのではないか、と私は思っています。「あなたのため」という言葉を掲げて何かを「してあげよう」と思う機会は、親密な人間関係につきものですから。
人生においては、割り切れない、片づかない問題の方が、そうでない問題よりもたくさん発生します。でも、それら全てが片づけば幸福なのかといえばやっぱりそうでもないんじゃないか。片づくことだけが解決ではないんじゃないか……。この本を読んでくださった方に、少しでもそう感じていただければ本望です。
最後に、ハウツー本でもなんでもない、こんなへんてこりんな本の企画に対してGOサインを出してくれた、イースト・プレス編集部の皆様にこの場を借りて御礼申し上げます。

二〇一六年二月　脱稿直前につき散らかった家の中で

井上能理子

家族が片づけられない

コミックエッセイの森

2016年3月24日　初版第1刷発行

著者……………井上能理子

発行人…………堅田浩二

営業……………明田陽子

編集……………小林千奈都

発行所…………株式会社イースト・プレス

〒101-0051
東京都千代田区神田神保町2-4-7
久月神田ビル8F
Tel: 03-5213-4700 | Fax: 03-5213-4701
http://www.eastpress.co.jp

印刷所…………中央精版印刷株式会社

装丁……………小沼宏之

ISBN 978-4-7816-1412-0 C0095